LE Sih-Tzu

FRANÇOIS KIESGEN DE
RICHTER

LE SHIH TZU FRANCAIS

ISBN-13 : 978-1530909889

ISBN-10 : 1530909880

DÉDICACES

À mes petites filles Léa et Zoé

REMERCIEMENTS

Je tiens particulièrement à remercier Didier Batsch éducateur professionnel à Chateau-Renard.

J'ai une pensée émue pour Dominique et Yann Lesourd éducateurs professionnels à Meaux.

SOMMAIRE

PRÉSENTATION

Dénommé aussi « Chien de Chrysanthème », le Shih Tzu est une boule de poils très attachante. On a toujours envie de le câliner, toujours envie de l'avoir dans les bras, tant il est mignon et adorable. Mais qu'en est-il exactement des attentes de cette peluche ?

Le Sih-Tzu est un chien plutôt calme, et merveilleux, aussi bien par son aspect que par son caractère jovial. Le Sih-Tzu est toujours gai, très astucieux et courageux, capable de faire de nombreuses bêtises mais de se faire pardonner aussitôt grâce à ses expressions presque humaines. C'est exclusivement un chien de compagnie, idéal pour les enfants assez grands qui sont capables de le traiter avec respect, sans lui faire de mal. Malgré sa petite taille et son caractère doux, c'est un chien qui sait se faire respecter et qui n'aime pas que l'on se moque de lui. Il est capable de « faire la tête » pendant des heures s'il considère qu'il a été réprimandé injustement.

Intelligent, joueur et volontaire, la meilleure façon de l'éduquer est la méthode douce qui consiste à faire ressortir les valeurs de la confiance, la douceur, le respect, l'amour et la patience. En adoptant ce principe, tout ira bien.

C'est exclusivement un chien d'appartement. Il convient à tout le monde, aussi bien aux familles avec enfants qu'aux personnes âgées.

Le Sih-Tzu est un chien robuste malgré son air de peluche fragile. La femelle peut connaître des difficultés lors de la mise bas ; les yeux des sujets des deux sexes doivent toujours être propres.

Son poil nécessite beaucoup de soins, surtout s'il s'agit d'un sujet de concours de beauté, ce qui est l'activité que beaucoup de maîtres lui réserve. Il ne faudra pas oublier qu'il a d'autres besoins que de faire le beau.

C'est un coquin enjoué, dynamique, toujours prêt pour les promenades. À la fois sage et digne, il est très malin. Extraverti, très câlin et très sentimental, toujours à l'écoute du maître, sensible et observateur, il connaît tout de vous. Il est éminemment sociable et il accueillera avec joie tous vos proches et amis. Dans la rue il fera "ami-ami" avec tous les passants qui feront mine de s'intéresser à lui. Il accepte toutes les autres races de chiens.

Et avec un peu de diplomatie de votre part, il s'entendra avec les chats. Chez moi Calli mon Sih-Tzu vit avec un Bouledogue, un couple de Bergers Belges et Max mon chat.

Quand vous rentrez, même après une sortie de dix minutes, vous serez accueilli par un petit fou plein d'amour. Il vous sautera dessus, réclamant le partage d'un câlin. C'est un anti-stress garanti. Le regarder prendre des poses alanguies vous détendra totalement et vous rendra votre gaîté. Il se fait très bien à la vie en appartement, mais il aime aller dans le jardin.

Il est indispensable à son bon équilibre de lui donner de l'activité, le cani-rando est l'activité qui lui convient le mieux, à condition de ne pas dépasser trois kilomètres.

Il adore autant les sorties à la campagne, en forêt ou la

montagne et même à la mer. En fait il aimera faire tout ce que vous aimerez faire.

Il ne craint pas les écarts de températures mais il vaut mieux craindre pour lui la canicule.

Les chiots Shih Tzus sont des petites piles électriques, qu'il faudra absolument cadrées. Comme tous les chiots, s'ils ne sont pas "éduqués", très vite, sans que vous le réalisiez, ce seront eux les chefs, et plus vous. Et cela peut ouvrir la voie à bien des dérives dont la destruction, les besoins pour se venger, et l'agressivité. Pour éviter un chien au comportement déstructuré il faudra une très bonne éducation. Il ne doit pas être élevé à la dure, ni être le chien à mémère.

Le Shih Tzu s'éduque vraiment très facilement, si vous êtes calme car il a horreur des cris, si vous êtes doux car il ne faut jamais le brusquer, si vous êtes patient car son éducation durera jusqu'à dix-huit mois et il faudra entretenir les acquis.

À l'adolescence, vers 7-8 mois le jeune Shih Tzu vous testera, il faudra être vigilant en ne lui cédant pas sans le frustrer.

Qu'il soit en poils longs, ou qu'il soit en coupe courte, une hygiène irréprochable est indispensable à l'équilibre et à sa bonne santé.

Tous les jours, il faudra passer le peigne partout dans les poils, même s'ils sont très courts. Au fur et à mesure de sa croissance c'est à la racine des poils, contre la peau que se forment les plus vilains nœuds. Jusque vers 7 mois il n'y en a généralement pas trop, mais après, si le bain n'a pas été suivi d'un après shampoing très nourrissant.

Si le peignage n'est pas journalier, vous aurez très vite des nœuds inextricables.

Chaque jour il sera indispensable de lui nettoyer chaque œil avec un coton imbibé de sérum physiologique.

Chaque jour il faudra lui donner de l'anti tartre pour les dents, si possible Bio vous en trouverez chez Albert le Chien sur internet, à moins que vous préfériez la corvée du brossage des dents. Vous pouvez vaporiser les dents avec une lotion dentifrice spéciale pour chiens, mais il faut absolument du Bio.

Deux fois par semaine vous lui nettoierez les oreilles en instillant dans chaque conduit un spray, et en utilisant jamais de coton-tige.

Toutes les semaines notamment s'il fait des concours de beauté, vous lui raccourcirez les griffes très doucement en les limant. Adulte une fois par mois suffira. Il faudra faire les ergots des pattes avant, situés sur les côtés internes des pattes avant et qui, s'ils ne sont pas coupés régulièrement, finissent par rentrer dans les chairs et faire souffrir.

Il faudra le vermifuger tous les mois jusque 6 mois révolus et ensuite 4 fois par an. Il ne faut pas alterner les vermifuges, prenez conseil à ce sujet auprès de votre vétérinaire.

ORIGINES DU CHIEN

Son histoire est plutôt amusante. En 1643, trois chiens, propriété personnelle du Dalaï-Lama, furent envoyés à l'empereur de Chine comme cadeau.

Au Tibet ce chien représente la lionne des neiges, créature symbolique, emblème de ce pays. On le voit également chevauchant Manjusri Boddhisattva divinité protectrice de la sagesse.

L'empereur les baptisa Shih Tzu Kou, ce qui se traduit par chien lion Tibétain, car ils avaient la couleur dorée du lion du Tibet. L'impératrice Tsu Hsi aima leur chaude couleur dorée qui s'identifiait au miel impérial.

Le Shih Tzu Kou fut croisé avec le Lhassa Apso la race de chiens favoris du Palais impérial de Chine et ainsi naquit la race du Sih-Tzu. La ligne blanche qui part du stop jusqu'au somme du crâne est pour les Chinois la marque du bouddha.

En Chine, le Sih-Tzu vivait dans les somptueux palais de la cité interdite où les eunuques rivalisaient entre eux pour obtenir les plus beaux sujets.

La mort de l'impératrice, entraîna l'arrêt de l'envoi du Sih-Tzu vers la chine.

En 1923, un Kennel club chinois fut fondé à Shanghai.

En 1930 Ladys Browning rapporte en Angleterre les premiers spécimens.

En 1934 à partir des chiens de Lady Browning est fondé le Kennel Club Britannique, qui fixa le standard de la race. Les Anglais appellent parfois le Sih-Tzu : Chien chrysanthème, car le poil qui part du nez est dirigé vers le haut et forme un curieux dessin en forme de chrysanthème.

La comtesse d'Anjou femme de l'ambassadeur de France à Pékin, ramena les premiers spécimens en France.et en commença l'élevage commença dès 1946.

Les premières portées de Sih-Tzu furent déclarées en France à la Société Centrale canine en 1953.

STANDARD DE RACE

Les chiens de race ont des caractéristiques mentales et de caractères, des spécificités physiques typiques et des aptitudes particulières, qui sont décrites avec précision dans un document officiel : le Standard de Race.

Le Shih Tzu est un petit chien dont la taille se situe entre 22 et 27 cm. Sa tête large et ronde est ornée d'une touffe de poils qui retombent comme un chrysanthème. Une opulente fourrure couvre tout son corps trapu et ramassé. Sa queue, bien fournie en poils, retombe en forme d'anse de théière pour parfaire sa silhouette. Le Shih Tzu se montre indifférent vis-à-vis des inconnus, aboie néanmoins pour prévenir. Chien de compagnie et de « salon », il reste espiègle, gai et plein de charme.

ASPECT GÉNÉRAL : Chien robuste, au poil abondant mais sans exagération, au port altier, dont la face ressemble à un chrysanthème.

PROPORTIONS IMPORTANTES : La longueur du corps, mesurée du garrot à la base de la queue, est supérieure à la hauteur au garrot.

COMPORTEMENT / CARACTÈRE : Intelligent, actif et éveillé. Amical et indépendant.

TÊTE : La tête est large et ronde, les yeux sont bien encartés. La tête est ébouriffée avec moustache et barbe bien fournies. Le poil qui pousse vers le haut sur le museau donne bien l'aspect du chrysanthème.

Le poil ne doit pas obstruer la vision. Truffe : Noire, mais chez les chiens dont la robe est foie (marron) ou porte des marques foie, la truffe est marron foncé. La partie supérieure de la truffe doit être au niveau ou légèrement plus bas que le bord de la paupière inférieure. La truffe est droite ou légèrement retroussée. Narines largement ouvertes. La truffe dirigée vers le bas est à proscrire, de même que les narines pincées.

Museau : Museau d'une bonne largeur, carré et court. Il n'est pas ridé. Le chanfrein est plat et garni de poils ; il mesure environ 2,5 cm de l'extrémité de la truffe au stop. La pigmentation du museau est aussi unie que possible.

Lèvres : Bien adaptées.

Mâchoires/dents : Mâchoires d'égale longueur (bord à bord) ou léger prognathisme inférieur. La bouche est large.

Yeux : Grands, sombres et ronds, bien écartés mais pas proéminents. Expression chaleureuse. Chez les chiens à robe foie, ou marques de foie (marron), les yeux plus clairs sont admis. Le blanc de l'œil (sclérotique) n'est pas visible.

Oreilles : Grandes ; le pavillon est long. L'oreille est portée tombante. L'attache est légèrement en dessous du niveau supérieur du crâne. L'oreille est si abondamment garnie de poils qu'elle semble ne faire qu'un avec le poil de l'encolure.

COU : Bien proportionné, joliment galbé. Sa longueur est suffisante pour que la tête soit portée fièrement.

CORPS :

Dos : Droit.

Rein : Bien attaché et solide. Poitrine : Large et bien descendue.

QUEUE : Elle forme un panache abondant. Elle est portée gaiement, bien sûr le dos ; elle est attachée haut.

Elle atteint en hauteur approximativement le niveau du crâne, ce qui donne une silhouette bien équilibrée.

MEMBRES

MEMBRES ANTÉRIEURS :

Épaule : Bien attachée et bien oblique.

Avant-bras : Court et musclé avec une bonne ossature, aussi droit que possible par rapport à une poitrine large et bien descendue. Pieds antérieurs : Ronds, fermes et bien garnis de poil.

MEMBRES POSTÉRIEURS :

Vue d'ensemble : Membres courts et musclés avec une bonne ossature. Vus de derrière, ils sont droits.

Cuisse : Bien ronde et musclées.

Pieds postérieurs : Arrondis, fermes et pourvus de bons coussinets. Ils sont bien garnis de poil.

ALLURES : Allure altière ; mouvement harmonieux et uni. Les antérieurs se portent bien en avant et l'impulsion de l'arrière est forte, les coussinets plantaires se découvrant entièrement.

ROBE

Qualité du poil : Le poil de couverture est long et dense, mais il n'est pas bouclé. Présence modérée du sous-poil, pas laineux. Une légère ondulation est admise. Le poil ne doit pas obstruer la vision du chien. La longueur du poil ne doit pas entraver le mouvement.

Couleur du poil : Toutes les couleurs sont admises, mais la liste blanche sur le front et le blanc à l'extrémité de la queue sont hautement prises chez les pluri colorés.

TAILLE ET POIDS :

Hauteur au garrot : Elle ne doit pas dépasser 27 cm.

Le type et les caractéristiques de la race sont de la plus grande importance et ne doivent, en aucun cas, être sacrifiés au seul critère de la taille.

Poids : 4, 5 kg à 8 kg.

Le maître doit veiller à ce que son Shih Tzu ait la place qu'il doit avoir dans la famille.

La famille devient pour le chien la représentation de la meute. Le rôle du chien dans le clan est important. C'est au maître de fixer la hiérarchie.

Sachez qu'entre douze et quatorze mois votre Shih Tzu fera certainement une crise d'adolescence et voudra se mesurer à son maître. Enfin, des chiennes en période de chasse modifient le comportement des mâles qui sera plus compliqué à gérer avec un Shih Tzu. Je vous invite à lire le chapitre sur les moyens de contraception définitifs ou réversibles.

La majorité des problèmes de comportements canins viennent de ce que le chien n'est pas à sa place au sein de la famille qui est une représentation de la meute, mais aussi soit d'une éducation trop ferme, soit d'une éducation trop molle.

Le maître, doit apprendre à interpréter intelligemment les codes de communication du chien qui de son côté cherchera à interpréter les codes du maître, voir à les anticiper.

Le maître doit toujours veiller à la qualité des professionnels qui l'accompagne. Dans un club les personnes bénévoles qui assurent l'éducation canine de l'école du chiot doivent être diplômées. Vous ne devez pas hésiter à demander quelles formations ils ont suivies et validées.

L'éducation du chiot coûte une adhésion en club environ 120 euros par an. L'éducation aux positions de fixation peut nécessiter des leçons individuelles à environ 15 euros par leçon, parfois les professionnels ou les clubs pratiquent des forfaits mensuels.

Il faut au minimum deux leçons semaines pour travailler les réflexes du chien. Il faut au minimum une vingtaine de leçons pour l'éducation de base. Il faut compter deux ans pour une éducation complète. L'éducation est progressive de l'âge de 8 semaines jusqu'à l'âge de 18 mois. Ensuite c'est de l'entretien et si possible un sport canin.

LES SIGNES D'APAISEMENT

Les signaux d'apaisement sont les canaux utilisés par le chien pour communiquer.

Le bâillement est l'un des signaux d'apaisement les plus courants et les plus fréquemment utilisés par le chien. Le chien baille avant tout pour se calmer lui-même. Il s'agit donc plus d'un signe d'auto apaisement, voire de relaxation. Bâiller permet au chien de se détendre.

Le chien tourne la tête légèrement de côté quand vous le fixez dans les yeux. Il signale qu'il ne veut pas de confrontation. Attention si le chien lors d'un reproche ne prend pas cette attitude cela voudra dire qu'il vous fait face.

Se lécher les babines : Est un signal utilisé fréquemment dans des situations tendues. Il sera très souvent précédé d'un autre signal d'apaisement, tel que le bâillement, détournement de tête ou sentir le sol. Attention si le chien n'enchaîne pas c'est qu'il vous fait face.

Le reniflement de la terre : Cette attitude est souvent vue lors de la rencontre entre deux ou plusieurs chiens, ou à l'approche d'un congénère. Également dans les endroits bruyants ou encore devant des objets inconnus.

Uriner : Nous prenons souvent ce comportement comme un marquage alors que le chien tente d'apaiser quelqu'un ou de s'apaiser lui-même. Il ne faut pas le punir pour cela. Si ce comportement est associé à un détour, alors le chien à peur. Le simple fait de prendre un ton plus enjoué fera cesser ce comportement.

Se gratter, se secouer : Dans une situation qui les met mal à l'aise, ou si le chien arrive dans un endroit inconnu, ou vit une situation nouvelle, vous verrez très fréquemment un chien se secouer ou se gratter. Il est très probable qu'à l'approche d'une personne inconnue ou stressante de par sa posture physique, le chien se retourne et se gratte, ou se secoue juste après le premier contact. Cela sert à son propre apaisement ou à l'apaisement des vis-à-vis. Attention si le chien n'enchaîne pas c'est qu'il va faire face.

Marcher lentement : Est un signal typique d'apaisement, le chien est mal à l'aise et cherche à vous calmer. Votre chien vient-il très lentement quand vous l'appelez ? Alors dépêchez-vous de changer la tonalité de votre voix. Il peut également faire cela lorsque vous l'attachez et à chaque fois que vous le rappelez. C'est une position qui indique qu'il n'aime pas quelque chose et il vous le reproche. Il n'y a aucune agressivité dans ce signal.

Se déplacer au ralenti : A pour but de calmer quelqu'un. Le chien le fait souvent en détournant le regard ou en levant la patte, avec un air mal à l'aise. L'homme interprète souvent mal cette attitude et s'énerve encore plus lorsque le chien traîne derrière lors de la marche au pied ou revient très lentement. Pourtant, plus nous allons appeler le chien de façon insistante, voire énervée ou agressive et plus il va ralentir. Il y a lieu de porter une attention toute particulière à cette attitude lors des cours d'éducation… il se peut que le chien soit fatigué et vous le montre de cette manière. Il pourra arriver vers vous en faisant un (des) détour(s).

Le chien arrive en faisant un détour. Votre chien souhaite faire un détour à l'approche de quelque chose d'inquiétant laissez-le faire. Les chiens ne s'approchent jamais des étrangers de face, cela est considéré comme une menace dans leur langage. Faire des détours face à un congénère ou un humain, permet au chien de montrer qu'il n'a aucune mauvaise intention envers lui. Attention de bien lire ce code, car si le chien arrive droit cela indique que le chien souhaite l'affrontement.

S'asseoir : Si votre chien s'assied systématiquement lorsque vous lui demandez de vous obéir, il faut impérativement prendre un ton moins menaçant pour interrompre clairement l'agression, le stress ou la peur.

Se retourner : Le chien tourne le dos à l'objet ou la personne qui le menace pour montrer qu'il n'a aucune intention agressive, et il fait de même si le comportement de son vis-à-vis le dérange ou l'inquiète. Selon la situation, il peut également le faire pour montrer son manque d'intérêt, voire son dédain face à quelqu'un. L'humain peut facilement reproduire cette attitude en se retournant lorsqu'un chien lui saute dessus, et ainsi lui montrer que cette attitude le dérange.

Se mettre sur le dos : si le chien se roule sur le dos en exposant son ventre et sa gorge et qu'il a les oreilles couchées en arrière, la tête sur le côté, les yeux à moitié fermés, le front lisse, ainsi que la queue ramenée sur le ventre, il s'agit d'une attitude de soumission absolue.

Sternum à terre - fesses en l'air : c'est une attitude de demande de jeux.

Pour avoir une communication avec leur entourage direct, les chiens ont un langage essentiellement corporel, à travers lequel ils utilisent la posture du corps entier, les oreilles, la queue, la tête, le regard et les mimiques faciales. En additionnant et en combinant les signes avec lesdites parties de leur corps, ils vont demander un contact social, faire un appel au jeu, reconnaître un supérieur hiérarchique ou encore menacer.

Malheureusement, la plupart des maîtres interprètent souvent à tort le langage corporel du chien et le comparent aux attitudes humaines.

Le fait de pouvoir décoder correctement les messages évitera les incompréhensions.

Apprendre à comprendre le langage de votre chien entraîne des sensations nouvelles et des plaisirs insoupçonnés dans votre relation avec votre chien.

Il est très important de toujours garder à l'esprit qu'il s'agit d'une interprétation de leur langage, et qu'en aucun cas, on ne peut être convaincu de l'exactitude des déductions. L'humilité et le respect sont donc de mise, avant de tirer des conclusions trop hâtives.

Enfin sachez que le chien qui n'est pas compris utilisera son dernier recours, à savoir une réaction défensive pour se protéger (morsure). N'oubliez pas l'étiologie, le chien descend du Loup.

Les signaux d'apaisement ont pour but de diminuer et de prévenir l'agressivité, le stress et la peur. Ils permettent l'installation d'une relation de confiance, de sécurité et de compréhension mutuelle entre chiens et maître.

LES POSTURES

La posture indique assez précisément l'état émotionnel et les intentions du chien.

Dans la posture de tranquillité, la queue est portée haut, les oreilles sont pointées vers l'avant, le port de tête est haut. Tous ces signes révèlent le chien bien psychologiquement.

Dans la posture de défi, la queue est raide et immobile, les poils de l'échine dorsale sont dressés, les oreilles sont tendues vers l'avant, la gueule est entrouverte laissant apparaître les crocs, et la position bien campée. Tous les signes indiquent que le chien a l'intention de vous soumettre ou soumettre son adversaire. Stoppez immédiatement le chien.

Dans la posture de menace craintive, la queue est basse, les oreilles sont couchées, la gueule est largement ouverte, tous les poils sont dressés. Le chien menace mais sans assurance, tous les signes indiquent la peur. Quand un chien menace de cette sorte il va assurément mordre.

Dans la posture de menace assurée, la queue est portée haut et agitée, les oreilles sont vers l'avant, le regard est fixe, autant de signes qui révèlent une tentative de domination sur un rival ou sur vous.

22

Dans la posture de complète soumission, la tête est basse, les oreilles sont légèrement couchées, la queue est baissée.

CHOISIR SON CHIOT

Je vais d'abord, parlez de vous, futur maître, avant de vous livrer un lot de conseils sur le choix de votre Shih Tzu. La petite boule de poils, c'est tout beau, tout mignon. Êtes-vous sûrs de votre choix ?

Un chien c'est pour 12 à 14 ans de vie commune avec un compagnon.

Êtes-vous joueurs — pas de poker ou de roulette russe — mais de balle, ou de Frisbee. Le jeu est le secret pour établir une connivence avec votre chien. Si vous associez le jeu et la récompense alors ce sera gagné. Mais attention, l'usage de la récompense est un art. L'objectif n'est pas d'avoir un chien dépendant à la croquette.

Je vais faire des grincheux, mais un chien ne s'achète pas chez un particulier non déclaré comme éleveur et qui aurait de magnifiques chiots sans LOF.

Un chien dominant cela n'existe pas. Le chien réagit à un phénomène de meute, il ne sera jamais dominant ou soumis, il évoluera dans une palette de comportements en fonction du contexte et de son caractère. Par contre un chien peut avoir plus ou moins de caractère, être plus ou moins craintif ou insociable. Un test vous aidera à comprendre le caractère du chiot, et l'éducation jouera alors pleinement son rôle.

Vous devez visiter le site du Club du Shih Tzu (www.cbf...). S'il y a une portée elle est annoncée sur le site. Et seul les élevages sérieux qui se conforment à l'orientation du club de race, sont référencés. Une fois repéré la portée, il faudra sur le site du club regarder la cotation des chiens reproducteurs de l'élevage, mais aussi les cotations en général des chiens de l'élevage.

Vous devrez visiter l'élevage, il ne faudra pas décider avant, et surtout pas par téléphone. Vous prendrez rendez-vous pour une visite.

Pour choisir votre chiot il y a le test comportemental élaboré par le psychologue William Campbell à la fin des années soixante, qui a été créé pour prévoir les tendances comportementales des chiots soumis aux ordres et à la domination (physique et sociale) de l'homme.

Son but est d'aider un acquéreur potentiel à choisir, à l'intérieur d'une portée, le sujet le plus adapté au milieu et à la famille dans lesquels il est appelé à vivre.

Le test de Campbell est très utile si l'on n'attend pas d'autres résultats que ceux prévus à l'origine par ce test : ce n'est ni un test d'intelligence ni un test d'aptitude, et l'on ne peut donc pas considérer qu'il va nous fournir des indications allant dans ce sens.

Dans quelques cas seulement, avec des races au caractère très particulier – comme le Chow-Chow –, le test de Campbell ne donne pas de résultats fiables.

Le test se fait entre quarante à cinquante jours, il dure une demi-heure. Le test est réalisé dans un lieu isolé, tranquille, n'offrant aucune distraction, et clos. Il doit y avoir une entrée parfaitement identifiable. Il est indispensable que ce lieu, situé à l'extérieur ou à l'intérieur, soit absolument inconnu du chiot.

Le futur propriétaire du chiot doit demander à exécuter le test lui-même. Le test permet de mesurer le futur lien chien - Maître.

Si l'éleveur vous dit qu'il a déjà soumis la portée au test, demandez-lui gentiment l'autorisation de le refaire vous-même. S'il refuse, à vous de juger l'éleveur. Sûrement sa notoriété est surfaite. Méfiez-vous des éleveurs qui refusent, ce n'est pas eux qui payent les pots cassés.

Vous prenez vous-même le chiot que vous envisagez et vous le conduisez dans une zone choisie pour le test. Cette zone est évidemment convenue avec l'éleveur.

Vous ne devez pas parler au chiot, ni l'encourager, ni le caresser. Si le chiot fait ses besoins pendant le test, ignorez la chose et ne nettoyez l'endroit que quand le chiot sera parti.

Attraction sociale : Posez délicatement le chiot au centre de la zone de test et éloignez-vous de quelques mètres dans la direction opposée à celle de l'entrée. Accroupissez-vous ou asseyez-vous en tailleur et tapez doucement dans vos mains pour attirer le chiot, il doit vous rejoindre.

Aptitude à suivre : Partez d'un point situé à proximité du chiot et, éloignez-vous du chiot en marchant normalement. Le chiot doit vous suivre tout de suite.

Réponse à la contrainte : Accroupissez-vous, retournez délicatement le chiot sur le dos et maintenez-le dans cette position pendant 30 secondes environ en laissant votre main sur sa poitrine. Le chien se rebelle puis se calme et vous lèche.

Dominance sociale : Baissez-vous et caressez doucement le chiot en partant de la tête et en continuant par le cou et le dos. Le chiot se retourne et vous lèche les mains.

Dominance par élévation : Prenez le chiot sous le ventre en croisant vos doigts, les paumes des mains vers le haut. Soulevez-le légèrement du sol et maintenez-le ainsi pendant 30 secondes environ. Le chiot se rebelle puis se calme et vous lèche les mains.

Le test complet est modulable, en fonction des réponses, je vous ai donné les meilleures réponses du chiot.

Comprenez que nous n'appréhendons pas la

dominance qui est un facteur lié à la meute, mais bien la docilité et donc la facilité d'éducation et c'est très important pour un Shih Tzu.

Maintenant vous pouvez réserver votre bébé chiot. Vous poserez une option ferme et vous donnerez un acompte.

Vous viendrez voir l'évolution de la portée lors d'une deuxième visite dès que les chiots auront soixante jours. Vous pourrez vérifier que le chiot choisi est toujours équilibré, simplement en faisant quelques jeux. Soulevez-le, appelez-le, grattez-le, tous vos gestes seront d'abord un peu refusés, puis acceptés. S'il y a un problème là, alors entre les deux visites l'éleveur a rencontré une difficulté.

LES JEUX

Le principe du jeu avec le chien, c'est que tout le monde gagne, et le maître ne perd jamais c'est une règle absolue.

Tout ce qui compte c'est d'utiliser le jeu pour faire apprendre. Un comportement récompensé a tendance à se répéter et un comportement réprimandé par « **NON** » à tendance à décroître avec le temps et parfois disparaître.

Le renforcement positif est la base de l'apprentissage par le jeu. Gagner et perdre renforce votre obstination alors vous persistez et vous vous améliorez, et un jour vous devenez un champion.

Seulement, il faut gagner de temps en temps, sinon vous serez frustrés et vous abandonnerez. Soit on fera semblant de vous laisser gagner, soit on vous proposera des niveaux de jeu à votre portée, et ainsi la motivation suivra. C'est essentiel pour un Shih Tzu.

Les jeux de traction sont dérivés de la dispute pour un morceau de proie. C'est un jeu que le Shih Tzu adore. C'est un jeu qui renforce le mordant, l'intensité de la prise en gueule. Si le chien essaye de vous mordre, le jeu de traction est immédiatement stoppé.

Les jeux de rapports d'objets sont fortement conseillés

pour les Shih Tzu. Vous lancez une balle. Le chien doit courir vers l'endroit où la balle est tombée. Ensuite vous lui apprendrez à rapporter la balle, puis à vous la donner et à aller la rechercher si vous la lancez à nouveau. Attention dès que votre Shih Tzu s'énerve ou se prend au jeu, stoppez immédiatement.

LE COMPORTEMENTALISME

Pour être un maître averti je pense qu'il vous faut une bonne connaissance de l'étiologie, mais aussi avoir de bonnes bases en comportementalisme canin.

Nos chiens s'ennuient et souffrent d'un manque d'activité. Dormir, boire, manger, être caressé, sortir en laisse pour une petite promenade résume la vie de beaucoup de nos chiens.

Génétiquement, instinctivement, un chien est programmé pour l'action. L'inaction le conduit souvent à avoir des problèmes de comportement et des troubles psychosomatiques. Ne pas répondre aux besoins de votre chien est une forme de maltraitance passive.

Nos chiens vivent des émotions, et ont des sentiments. Nous ne pouvons pas savoir exactement ce que ressent notre chien, mais nous pouvons l'appréhender, si le rapport que nous avons établi avec notre chien est de confiance et de connivence. En observant notre chien nous pourrons apprendre, tester puis anticiper. Il n'y a rien de mystérieux, c'est simplement de l'observation.

Le modèle hiérarchique est le modèle le plus répandu et le plus utilisé. Chaque comportement du chien est disséqué et interprété en termes de pouvoir et d'autorité. On parle de chien dominant et de chien soumis. Trop de dresseurs canins ont pour mot d'ordre de dominer le chien, et donc de casser son caractère. Vous voulez un chien, calme et équilibré, alors il faudra oublier la méthode forte. Pour votre Shih Tzu n'utilisez pas cette méthode, vous allez trop perdre en annihilant la capacité innée du chien à l'anticipation, il deviendra une machine.

Parfois les perfides, pour ne pas s'avouer qu'ils sont violents et cruels, nomment l'éducation hiérarchique « débourrer un chien ». C'est malsain. La seule voie, que j'ai toujours utilisée est le travail de communication avec le chien. Je vis en permanence avec quatre chiens dont un Shih Tzu, je parle en maître.

Le chien respecte notre autorité pour que nous assurions sa sécurité et son alimentation. Et pourtant nous entendons encore « Mon chien est dominant car il obéit mal ! », « Mon chien obéit à mon mari, évidemment il crie ! » « Je suis tombé sur une lignée de travail… je n'y arrive pas ! ». Les balivernes de ce genre ne manquent pas. Non pas qu'elles soient fausses, mais la cause n'est pas le chien, mais le maître.

Il ne faut pas essayer de guérir un chien de l'une des deux maladies du maître : l'autoritarisme ou la faiblesse.

Des chiens qui ont tous les droits, comme s'ils s'agissaient de princes développent des problèmes de comportement liés aux manques de repères et aux manques de limites. Je n'ai rien contre le « chien chien » à sa mémère sauf que le Shih Tzu développera de graves problèmes de comportements comme l'agressivité et la destruction.

Il y a une méthode simple et efficace pour communiquer avec son chien. C'est par la connaissance que tout commence, par la pratique qu'il faut poursuivre, et c'est l'entraînement qui forge l'expérience.

Les comportements chaotiques et psychotiques, sont essentiellement liés à deux modes de communication avec le chien : autoritarisme et laisser faire.

La mode est aux personnes qui font des concours de beauté avec leurs Shih Tzu. C'est très bien, mais le chien n'est pas un mannequin. Un Berger Belge de beauté en représentation en régionale de la CFCBB c'est très sympathique, sauf que cette race exige aussi d'autres activités, je dis bien aussi. Car sinon je vais avoir du courrier, et être démasqué car je présente mes chiens en régionale CFCBB.

Il faut répondre à tous les besoins du chien. Car sinon nous n'aurons plus que des chiens dépendants comme des gosses de leurs parents. C'est juste irresponsable et c'est de cette situation que viennent les difficultés de comportement.

Les comportementalistes, parlent d'Hyper pour un chien qui tend vers l'hyperactivité. Et d'Hypo, pour un chien timide, peureux, qui refuse l'activité. Évidemment il s'agit de tendance, et il faut observer les modulations. En résumé les comportements « Hyper » et « Hypo », sont moins graves que les comportements chaotiques et psychotiques.

Un Shih Tzu doit être équilibré. Mon guide vous propose d'être un maître averti en harmonie avec votre chien. Vous utiliserez en priorité la communication et l'activité comme base de la relation, en incluant l'autorité à bon escient et le câlin souvent.

L'ARRIVÉE DU CHIOT

Avant de voyager, vous avez réglé les dernières formalités, et vous avez été particulièrement attentifs aux vaccinations. Vous avez un carnet de santé, un Livret des Origines Familiales, un carnet de vaccinations et une facture.

Pour votre voyage, sachez que le chiot est un être fragile qui va pour la première fois vivre ce qui est pour lui un drame. Alors soyez compréhensifs envers votre chiot.

Vous ferez une halte par heure. Vous avez de l'eau, une gamelle, du papier absorbant, deux serviettes, et une vieille chemise à vous.

Pourquoi vous demandez-vous ? Eh bien la chemise va beaucoup servir plus tard car elle sera imprégnée de votre odeur, et deviendra une ancre pour le chien.

Lorsque le chiot entre à la maison, il faut qu'il trouve un coin prêt pour lui. Il aura un panier avec un tapis moelleux. S'il vous plaît éviter l'osier car le chiot va déchiqueter et engloutir des morceaux. Vous aurez prévu deux écuelles si possible en acier et des jouets. Il devra y avoir deux types de jouets, pour s'amuser, et pour travailler.

Ne donnez pas de jouets en mousse ou en plastique que le chiot va détruire et dont il avalera des morceaux. Je préconise une balle ronde, une balle ovale et une barre en élastomère. Je ne suis pas sponsorisé, alors je m'autorise à vous conseiller la marque Kong qui est à mon sens la plus résistante et qui est ajourée pour mettre des friandises dans les jouets. Je renouvelle peu les jouets de mes quatre chiens en privilégiant la résistance.

Le poids des chiens pèsera à terme sur leurs articulations non protégées par du poil, et cela engendrera des calcites aux coudes des pattes. Offrez à votre chiot un coussin de panier très confortable et si possible avec une housse lavable.

Il ne faudra pas donner de suite ses jouets au chiot. Vous devrez attendre au minimum trois jours avant de jouer avec lui. Ensuite vous pourrez en laisser à la disposition du chiot.

Les jouets de travail vous les garderez pour l'apprentissage avec le chien. Cette procédure est la base de l'éducation du chien.

Le chiot en arrivant va devoir s'habituer à son chez lui et à sa nouvelle famille. Soyez patients, laissez le chiot prendre ses marques. Vous devrez attendre que votre chien soit en sécurité et se sente protégé avant de le solliciter.

À son arrivée, vous allez d'abord continuer les câlins. Puis doucement vous laissez le chiot explorer sa nouvelle maison. À ce moment-là, il y aura peut-être un besoin urgent. Vous devez faire comme si de rien n'était. S'il vous plaît ne montrez pas au chien que vous nettoyez, ne marquez pas le moment des besoins sinon vous augmenterez le temps que le chiot mettra à être propre.

Si vous avez un jardin, vous pourrez anticiper le moment du besoin urgent. Votre chiot sera très vite propre.

Le chiot fourrera son museau partout, laissez-le faire

pour qu'il puisse se familiariser avec son milieu. Comme il va à un moment faire une bêtise, votre première leçon d'éducation va commencer.

Vous devez savoir dire « **NON** » et de façon sèche. C'est très important.

Ne vous inquiétez pas, si vous devez répéter. Pendant les deux premières semaines, c'est juste un « **NON** » que vous répéterez autant de fois que nécessaire. Surtout il ne doit pas y avoir de punition.

Ne vous précipitez pas au moindre gémissement du chien, sous peine d'en faire un mauvais comportement.

Le chien vit sa vie, vous vivez la vôtre. Il y a le jeu. Il y a l'éducation. Il y a le repas. Il y a les ballades. Il y a le repos. Ce n'est pas le chien qui décide.

Éviter l'accident en apprenant à bien soulever le chiot, mettez une main sur la poitrine, mettez l'autre main sous les fesses.

Après une semaine vous ne direz **« NON »** que deux fois. Si le chien continue, vous n'insisterez pas. Vous changerez de stratégie. Première leçon il ne faut pas crier. Deuxième leçon il ne faut jamais toucher le chien pour le contraindre.

Vous allez associer l'ordre **« NON »** à un bruit. J'utilise la bouteille en plastique remplie de petits cailloux et bien bouchonnée. Vous lancerez la bouteille à droite ou à gauche du chien en donnant sèchement l'ordre **« Non »**. S'il vous plaît ce n'est pas un jouet mais un outil d'éducation, alors ne donnez pas la bouteille au chiot. Je dis à droite ou à gauche et suffisamment loin de lui. C'est juste fait pour détourner son attention. L'erreur sera de toucher le chien avec la bouteille car vous le rendrez peureux.

Le chiot devra rester une semaine dans sa maison avec sa famille. Il ne devra pas rester seul car il serait désorienté et stressé. Et malheureusement votre chiot répondra à sa façon à son déséquilibre.

Après une semaine, sortez et laissez le chien seul chez

vous cinq minutes puis revenez. Félicitez-le, il est resté tranquille, il sera content de vous revoir. S'il a fait un besoin, ou une bêtise, faite comme si de rien n'était. Vous pourrez diminuer le temps, et mettre trois minutes. En général nous commençons par cinq minutes, puis dix minutes, faites-le tous les jours, et augmentez la durée. Le chien n'a pas la notion du temps. Mais, il a peur de l'abandon. Alors transformez la notion d'abandon en attente positive.

Plus tard, vous allez confier votre maison à votre chien. Alors ne loupez pas l'éducation de base.

À partir de deux semaines chez vous le chien devra sortir et là aussi vous devrez respecter une procédure. Pour sa première sortie le chien sera avec une laisse et un collier en cuir et surtout pas de collier étrangleur et encore moins de collier électronique.

Vous maîtrisez le premier commandement qui est le « Non ». Vous allez travailler l'ordre « Au pied ». Vous vous rendez dans un endroit calme et vous allez apprendre au chien à marcher à côté de vous. Commencez par mettre votre chien à votre gauche, puis commandez « nom de votre chien - au pied » et avancez la jambe gauche. Le mousqueton doit tomber librement, le chien doit avoir les épaules au niveau de votre genou. Le chien doit vous suivre mais pas vous devancer. Surtout allez-y doucement, vous ne corrigez pas le chien, vous lui apprenez. Ne vous inquiétez pas, il comprend.

Votre ordre sera toujours « nom de votre chien - au pied » et vous ramènerez délicatement le chien en bonne position. J'ai dit délicatement car c'est un chiot. Mais il a le droit de sortir, et en tout cas il ne doit pas apprendre un mauvais comportement. N'allez pas vous compliquer la vie, pour plus tard. Le chien est en apprentissage. Soyez compréhensifs. Avez-vous appris immédiatement ?

Pour l'instant limitez-vous à l'apprentissage de la marche en laisse. Et ne brûlez pas les étapes. Vous avez remarqué que nous avons commencé tôt son éducation.

Les sorties devront être progressives en durée et en complexité. N'exposez pas votre chiot au centre-ville un samedi aux heures de pointe.

Commencez par des balades en campagne, puis en ville dans un endroit protégé du trafic, puis petit à petit exposez le chien.

Tôt ou tard votre chien aura peur. S'il vous plaît n'ancrez surtout pas ce comportement. Faites comme si de rien n'était et continuez à marcher. Il ne faut jamais féliciter un chiot pour un comportement inadéquat.

Je vous résume ma méthode pour le chiot : l'ancrage et le renforcement positif. Rien d'autre.

Quand on désire un peu de tranquillité à la maison, on peut utiliser un enclos pour chiot. Le chien doit avoir un repère, c'est son panier. Il doit de lui-même s'habituer à s'y rendre. C'est son coin.

Vous pouvez aussi avoir une cage de transport métallique. Il faut l'y habituer dès son plus jeune âge, en le mettant dedans.

Pour amener le chien à utiliser son panier puis à accepter sa cage de transport, il faut y placer au début un os à mâcher, de la panse à mordiller, des oreilles à lécher, et son jouet préféré mais surtout sous le coussin la chemise qui a été utilisée pour l'arrivée du chien et qui porte votre odeur.

L'ancrage olfactif est une façon de rassurer le chien. Vous voulez l'habituer à rester seul un moment dans la voiture, à l'hôtel, chez des proches, chez des amis, il faudra utiliser l'ancrage olfactif pour que le chien reste serein. Bien entendu l'apprentissage est obligatoire, c'est de l'immersion puis de la répétition. Donc apprenez au chien, puis répétez.

Prenez votre temps, le chien apprend très vite, mais ce n'est pas un robot et parfois il fait son caractère. Dans ce dernier cas restez gagnants en n'insistant pas.

Le chiot ne devra jamais être dérangé lorsqu'il se trouvera dans son coin. Le chiot doit avoir à boire en permanence. Lorsque je me déplace je pense à amener de l'eau pour le chien. Un chien boit beaucoup, et de l'eau saine et propre.

Le chiot mange à heure fixe une ration prévue et si possible une alimentation de qualité. Il a 20 minutes, puis vous enlevez la gamelle.

Pour les friandises, vous devez comprendre qu'elles sont nécessaires à l'éducation du chiot et plus tard du chien. Je me répète il faut travailler en renforcement positif. Donc la récompense est un outil d'éducation. Seulement la récompense est calorique. J'utilise du cœur de bœuf qui est une friandise sans gluten, sans sucre, sans sel, encore une fois je ne suis pas sponsorisé, vous trouverez cette friandise chez Albert le chien.

Il est important de commencer très jeune à habituer votre chiot aux soins quotidiens : oreilles, yeux, brossage…

On peut croire que votre chiot est équipé de piles longue durée, mais il a besoin de beaucoup de repos pour grandir. Plus votre chiot est grand, plus il est enclin à des problèmes d'articulation, et les jeunes chiens peuvent développer des problèmes graves s'ils font trop d'exercice.

Attention aux exercices violents, aux escaliers, aux courses rapides, aux randonnées trop longues, trop d'exercices peuvent nuire à sa santé.

Le chiot ne doit pas dépasser ses propres limites. Vous devez être très prudents pendant sa croissance car il développe son ossature et trop d'exercices peuvent engendrer des accidents. Limitez vos balades à 5 minutes au début et augmentez progressivement. Ne pas dépasser 30 minutes par séance jusqu'à 8 mois (la croissance rapide se produit entre 2 et 8 mois). Ensuite, continuez très graduellement jusqu'à ses 2 ans.

LA PROPRETÉ DU CHIOT

Pour votre chiot, la propreté signifie naturellement de ne pas faire sur son lieu de couchage et dans sa gamelle. Le chiot doit donc comprendre la propreté autrement.

Pour faciliter l'apprentissage vous devez respecter quelques règles.

Distribuez la nourriture à heure fixe si possible pas le soir tard.

Laissez manger le chien seul au calme et lui retirer sa gamelle vingt minutes après la lui avoir donnée. Qu'elle soit vide ou pas.

Toujours laisser de l'eau propre disponible.

Sachant que le chiot se soulage après l'ingestion de nourriture, sortez-le juste après avoir mangé, mais ne le faites pas courir.

Un chiot dort beaucoup, il va donc se reposer de nombreuses heures et souhaite se soulager presque automatiquement à son réveil. Sortez-le juste après le repos.

Un chiot de 8 semaines ne peut pas se retenir plus d'une heure ou 2 dans la journée, 3 ou 4 heures la nuit, donc soyez patients. Vous pouvez compter les heures et sortir le chien. Je vous assure que cela fonctionne très bien, si vous sortez le chien après les repas, après les siestes, après les séances de jeux, le soir avant le coucher et le matin. En fonction de la race, le chien va vite comprendre, et viendra vous alerter.

Il ne faudra pas attendre du chiot une réelle capacité à se retenir plusieurs heures avant l'âge de 6 mois.

Vous devez sortir le chien trois fois par jour au minimum.

Le chiot parfois va naturellement se soulager dans la maison, surtout ne le punissez pas. Mais n'ancrez pas ce mauvais comportement. Faite comme si de rien n'était.

Sortir le chiot souvent et dès son plus jeune âge est une évidence.

Au début choisissez de le conduire en laisse dans des endroits tranquilles et propres.

Les endroits bruyants, très fréquentés de gens et de congénères sont à proscrire.

Il est conseillé de sortir le chiot avant ses 3 mois. Le risque infectieux est minime. Par contre pour son éducation c'est génial. Il deviendra plus vite équilibré et capable de faire ses besoins en laisse où que vous alliez.

Et même si votre chiot dispose d'un jardin, cela ne vous dispense surtout pas de le sortir dans la campagne.

Enfin pas de fixation sur la propreté, elle viendra entre six et huit mois.

Tordons une fois de plus le cou à une idée répandue : on ne met pas le museau du chien dans sa merde ! c'est insensé. Vous n'aurez jamais un chien équilibré avec ce genre de méthode. À l'inverse le chien finira par devenir craintif, car la punition l'attend à tout bout de champ.

LA SOCIALISATION DU CHIOT

À partir de sa huitième semaine, le chiot peut de manière légale quitter l'endroit où il est né.

Il va falloir qu'il découvre sa nouvelle « maison » et poursuive l'apprentissage de la vie, de ce qui l'attend dans les mois et années à venir.

Des expériences nouvelles sont indispensables aux chiots pour acquérir un équilibre comportemental satisfaisant à l'âge adulte, cette confrontation avec le monde qui l'entoure devant se réaliser dans de bonnes conditions (absence d'éléments anxiogènes).

Le chiot a grandi aux côtés de sa mère qui lui à inculquer quelques règles. Dans le meilleur des cas, il était aussi entouré de frères et sœurs avec lesquels il a pu échanger, jouer et apprendre aussi le partage. S'il a vécu à la campagne et qu'il se retrouve en ville – ou inversement – cela constitue un premier grand changement dans sa vie.

De nouveaux bruits, puis un nouvel environnement, les premiers jours, cela fait beaucoup d'un seul coup ! C'est pour cela qu'il convient de l'accueillir avec un certain calme.

Le chiot doit une semaine après son arrivée être manipulé régulièrement mais précautionneusement, et confronté en douceur et de manière progressive aux différents bruits de la vie courante, il sera plus rapidement à l'aise.

Ensuite, il devra être confronté aux bruits, de la télévision, de la radio, de l'aspirateur, du balai que l'on passe non loin de son museau, aux voisins dans l'escalier ou le jardin, aux visites d'amis.

Le chien vacciné, vous devez sortir le plus possible sans craindre pour sa santé. C'est essentiel pour un Shih Tzu.

Apprenez-lui progressivement à s'habituer à tous les bruits, à tous les lieux. Ces petites incursions alors qu'il est tout jeune lui éviteront de nombreux problèmes plus tard dans sa vie. Et surtout, surtout faites-lui croiser des gens. Arrêtez-vous, serrer des mains et habituez-le aux enfants de la rue qui veulent le complimenter.

Tordons le cou encore à une idée reçue, le chien ne devrait jamais être caressé par des étrangers, pour préserver son instinct de garde. Pas de chance c'est exactement l'inverse. Il faut le socialiser sinon ce ne sera pas un chien de garde qui sait analyser un danger mais un lion en cage prêt à bondir sur tout ce qui passe à sa portée.

Les chiots devraient être présentés à des enfants de tous les âges, s'il n'y en a pas dans la maison, trouvez-en. Par contre, il doit toujours y avoir un adulte qui supervise lorsque les enfants sont avec le chiot de manière à ce que les jeux ne deviennent pas trop houleux et que le chiot ait une expérience positive.

Éduquer le chiot en l'habituant aux autres chiens est essentiel pour un Shih Tzu. Une des meilleures manières d'apprendre les bonnes manières canines est de permettre à votre chiot de rencontrer des chiens adultes. Les chiens adultes font attention aux chiots, c'est leur nature. Exposez le chiot progressivement à des congénères adultes, et s'il y a agressivité vous devez stopper immédiatement le chiot. De sa faute ou pas, provoqué par un autre ou pas, peu importe.

Le chiot fait mal à l'adulte, alors le gros chien trouvera une manière d'arrêter le petit, soit avec un grondement soit avec un aboiement. Stoppez immédiatement votre chiot. Ces conseils sont essentiels pour l'éducation d'un Shih Tzu.

Apprenez à votre chiot à accepter d'être manipulé par d'autres que vous dès son plus jeune âge. Demandez à vos amis de procéder doucement à l'examen des oreilles, des yeux, de la queue, des gencives et des dents de votre chiot.

Donnez une petite récompense au chiot pour avoir permis ceci. Par contre la récompense ce n'est que vous. Essayez de vous souvenir de cette règle. Ne permettez à personne de nourrir votre chien, c'est la base de l'éducation au refus d'appât. De cette manière, les chiots apprendront qu'être manipulés par tout un tas de gens est une expérience agréable et manger ce n'est que sur indication du maître. Pour les obligations de pension, il faudra que le chien soit présenté à l'accueillant et progressivement immergé (une heure en pension, puis deux…), ne mettez pas le chien en pension avant son éducation complète c'est-à-dire dix-huit mois. Si vous utilisez votre chien en garde, en sport canin de ring, évitez la pension et préférez confier le chien à des proches connus du chien et averti. Je sais, faire garder son chien est une contrainte, pensez-y avant et choisissez une personne de confiance et averti. Les traumatismes psychologiques liés au sentiment d'abandon existent dans ce cas, alors éviter absolument l'autoritarisme d'un inconnu ou pire de la violence. La solution c'est un ami connu du chien, avec qui vous préparerez la transition progressivement, voilà c'est ce que je fais.

Plus il aura de contacts avec divers milieux et différentes personnes, moins votre chien sera craintif et plus il aura confiance en lui. N'arrêtez jamais de le socialiser, car à la phase d'adolescence (vers 8 mois), votre chien aura tendance à devenir craintif et à oublier tous ses acquis s'il n'a pas été assez en contact avec différentes choses et situations.

Il faut surveiller l'attitude du chien en cas de réunion familiale nombreuse, il a tendance à vouloir rassembler tout le monde au moment des départs, il sera important d'insister dès son plus jeune âge sur ce point. Aussi un Shih Tzu n'obéira pas de la même manière à son maître et à la famille, il faudra aussi travailler ce point en conviant à l'éducation votre conjointe et vos enfants.

RÈGLES POUR L'ÉDUCATION

Il ne faut jamais toucher le chien pour le contraindre. Ce n'est pas une question de taille ou de poids mais de caractère. Un chien peut mal interpréter une action ou un ordre, où être un jour mal luné. J'entends par toucher, vouloir imposer à un chien une position. Vous pouvez le caresser, l'embrasser, mais pas le forcer à prendre une position. Ni vous, ni personne.

Nous n'utiliserons pas de collier électronique, sauf cas exceptionnel d'une éducation ciblée et toujours après 18 mois et avec un éducateur spécialisé et breveté au mordant. Le collier étrangleur est inutile, l'apprentissage de la marche au pied est facilement acquis par le Shih Tzu. Vous ne corrigez pas un chien qui tire sur la laisse avec un collier étrangleur, c'est juste malsain et violent, vous devez dire « Non », et bloquer le chien. Dès l'apprentissage en longeant des murs, si le chien dépasse vous réalisez un mouvement pour l'empêcher de vous dépasser.

Nous utilisons le harnais de type professionnel si possible. Tout simplement c'est plus aisé pour le chien et moins dangereux pour son cou.

Il ne faut pas crier. Le chien perçoit les ultrasons, donc

il vous entend même si vous parlez à voix basse. Surtout la modulation de voix est un outil pédagogique. Vous devez vous forcer à parler normalement. Dans l'extrême urgence nous utiliserons un ordre crié et ce sera l'objet d'une éducation spécifique.

Si vous gâchez toutes vos munitions maintenant vous serez désarmés en cas de besoin extrême. Alors je vous conseille de parler bas, de répéter en montant un peu le ton et pas plus. Évidemment le Shih Tzu peut très bien ne pas obéir, voir se rebeller, mais nous avons d'autres tactiques, plus vous avez de cordes à votre arc mieux c'est, donc la voix ne suffit pas, il y a le geste associé au « Non », et il y a pire c'est de faire la tête et de détourner le regard. Je ne t'aime plus et je ne m'occupe plus de toi. Rappelez-vous je sanctionne sur l'action par un comportement proportionné et je lève la punition. Certains se disent que ce n'est pas possible, qu'il faut crier, punir en enfermant, mettre une sacrée raclée… le chien crie la caravane passe… Réussir l'éducation pour être en harmonie avec son chien ne passe pas par le traumatisme de la violence. Et si votre femme n'écoute pas, ou vos enfants, ou vos collaborateurs, ou vos amis… Évidemment ce n'est pas le chien. Excusez-moi.

Il existe, de bons et de mauvais éducateurs, d'excellents clubs et d'autres qui sont infectes. Tout d'abord ne vous engagez pas sans avoir au préalable participé à une journée portes ouvertes du club, et sans avoir suivi une leçon gratuite. Je vous invite à vérifier les diplômes des éducateurs. Il faut faire attention aux petits clubs qui n'ont qu'une activité canine, il faut choisir un club qui propose plusieurs activités canines dont des disciplines techniques comme le RCI.

Le chiot et le chien sont deux réalités différentes, et nous devons parler d'apprentissage pour le chiot et d'éducation pour le chien. Bannissez le mot dressage. Vous a-t-on dressés quand vous étiez enfants ?

Pendant le jeune âge, la psychologie du chiot est

complètement différente de celle du futur chien. Le chiot réagit à des stimulations de façon différente du chien.

Il faut souligner que la construction mentale d'un jeune chien est comme une éponge prête à absorber des millions d'informations qui seraient difficilement reçues par un chien adulte.

Un chiot ne doit pas travailler plus d'une demi-heure en continue jusqu'à six mois, ensuite la charge augmente.

Commencer l'éducation du chiot tôt. Mais respectez cette règle, il faut travailler souvent mais pas longtemps. Surtout le travail pour le chiot est basé sur le jeu et le plaisir.

Autrefois, on avait l'habitude d'attendre l'âge d'un an, pour commencer à éduquer son chien. Le bon âge pour apprendre est dès trois mois, même s'il faut adapter les programmes aux possibilités d'un esprit en plein développement.

Le jeune âge, chez le chien, est aussi celui de l'apprentissage des hiérarchies. L'avantage de l'éducation en club est que le chien est en contact avec d'autres congénères, c'est indispensable à sa socialisation.

Un chien peut apprendre jusqu'à cent cinquante comportements. Je ne dis pas mot, car cela ne veut rien dire, c'est bien le comportement associé au mot qui est important.

Les gestes pour éduquer son chiot ne doivent pas être brusques, pour ne pas prêter à confusion et ne pas faire peur au chiot.

Le contact avec l'animal obéit à certaines règles. Des gestes de félicitations trop amples accompagnés de cris de joie peuvent provoquer chez l'animal une peur telle qu'il n'est pas près de recommencer ce qu'il vient de faire, même si vous en étiez très satisfaits.

Aussi vous devez dès le début savoir moduler votre ton de voix, je me répète vous devez apprendre à utiliser votre voix. La première règle avec un chiot est de récompenser un comportement attendu, et de faire comme si de rien n'était avec un comportement inadapté.

Un mot doit induire un comportement pour le chien. Il faut faire apprendre, faire répéter, puis faire associer le comportement à une attitude globale. Il s'agit de trois phases différentes.

L'apprentissage se fait en utilisant le jeu et la friandise. La répétition se fait un utilisant le jeu seul et permet de travailler un comportement reflex. L'association va permettre au chien d'intégrer des enchaînements de comportements, la félicitation doit être le partage de la joie du maître et du chien.

CHAMPIONNAT DE BEAUTÉ

Pour recevoir le titre de Champion International de Beauté, les chiens de ces races devront avoir obtenu : a sur une période minimum d'un an et un jour, quatre certificats d'aptitude au Championnat International de Beauté (CACIB) dans trois pays différents, sous trois juges différents, quel que soit le nombre de concurrents. b la période entre le premier et le dernier CACIB est à comprendre comme suit : par exemple, du 1er janvier 2006 au 1er janvier 2007.   Pour a) et b), des exceptions peuvent être accordées pour autant qu'elles aient été approuvées par le Comité Général de la FCI   L'homologation du titre est automatique.

Champion National de Conformité au Standard
Pour l'homologation du titre, le chien doit cumuler :
Le CACS de l'exposition de Championnat de France
Ou le CACS de l'exposition Nationale d'élevage.
Ou 2 RCACS de Championnat (SCC ou NE) dans un intervalle de 2 ans
   + Un deuxième CACS dans une Exposition Internationale où est obligatoirement attribué le CACIB
   + Un troisième CACS dans une exposition spéciale de

races

(Nationale ou Internationale toutes races)

Les trois CACS devront être obtenus sous :

Trois juges différents dont au moins un juge Français

Les 2 derniers CACS, devront être obtenus dans un délai maximum de 2 ans après l'exposition du championnat ou la Nationale d'élevage.

Il est exigé également les examens suivants :

+ Les examens oculaires pour les Épagneuls, Lhassa Apso, les terriers du Tibet et Shih Tzu. (examen de moins d'un an)

+ L' ERG + la radio dysplasie (A, B, C) pour les Terriers.

+ Le T A N pour tous.

+ L'identification génétique (Test ADN).

À compter du 1/07/2011, le chien devra avoir un pedigree complet, pour que le titre soit homologué.

Quelle que soit la formule retenue, le délai imparti pour présenter la demande d'homologation du Championnat de France est limité à 2 mois après l'obtention de la dernière récompense. Passé ce délai, le dossier sera déclaré forclos et le titulaire de la réserve de C.A.C.S. ayant valeur de Championnat pourra postuler l'homologation du titre de Champion **dans les mêmes conditions que pour le titulaire du CAC** (nombre de CACS, délais d'obtention, examens de santé, identification génétique, TAN, délai de transmission du dossier au club)**.**

Nota bene :

- Les examens de santé et comportementaux établis par le club de race en charge devront être passés dans le délai de deux ans maximum à compter de l'obtention du CACS de Championnat ou de la Nationale d'Élevage.

- Si un chien obtient le CACS de la Nationale d'Élevage et du Championnat de France SCC dans la même année mais qu'il n'a pas de « *Spéciale* », le CACS de la Nationale d'Élevage aura valeur de « *Spéciale* ».

- Une RCACS obtenue lors d'une « *Spéciale* » pourra être

convertie en CACS, si le chien qui a obtenu le CACS est déjà titulaire d'un CACS en *« Spéciale »*.

L'ÉDUCATION DE BASE

L'éducation de base comprend, les positions de fixation, le stop et le rappel.

La procédure d'éducation sera identique. Prenons un exemple avec le comportement assis.

Vous choisissez le nom de l'ordre « Nom du chien-assis » et vous répétez l'ordre en vous positionnant à droite puis à gauche du chien ; puis chien entre vos jambes ou devant vous.

Il ne faut surtout pas appuyer sur la croupe du chien, car le chien résiste et essaie de se relever. Attention avec un Shih Tzu vous risquez un mauvais réflexe du chien, et de vous faire mordre. Même si le Shih Tzu est petit il mord.

Même si par la force vous arrivez à le faire asseoir, il va ressentir cet ordre comme une contrainte et « Nom du chien-assis » deviendra une position de soumission. C'est une erreur grave d'éducation, qui engendrera des complications comme des comportements de crainte ou d'agressivité.

Il faut faire asseoir le chien sans aucune contrainte physique. Chaque fois que le chiot s'assoit de lui-même, dites « Nom du chien-assis » et félicitez-le en donnant une friandise.

Maintenant faites comme si vous alliez lancer une balle, vous verrez que le chiot s'assoit naturellement pour suivre votre geste du regard. Profitez-en pour lui dire « Nom du chien-assis » avant de lancer la balle. Recommencez. Félicitez oralement, puis par une caresse, enfin donnez une friandise. Après ce travail à la maison, vous allez travailler en école du chiot.

Le chiot est debout, prenez une friandise et tenez-la au-dessus du nez du chiot. Il va lever la tête pour la regarder. Tendez alors votre bras vers sa croupe. Pour pouvoir regarder la friandise, le chien va lever la tête vers l'arrière. Continuez avec votre bras au-dessus de sa tête, le chien va s'asseoir. Il faut quatre à cinq leçons par position de fixation pour apprendre, ensuite le chien répétera ses gammes.

Chez vous à partir de maintenant le chien entendra l'ordre « Nom du chien-assis » régulièrement. Commencez par demander « Nom du chien-assis » lorsque vous donnez la gamelle. Ensuite demandez « Nom du chien-assis » avant de mettre la laisse pour la promenade. Soyez inventifs. Les occasions ne manquent pas.

Il ne faut pas donner d'ordres complexes pour le moment et encore moins d'ordres contradictoires, comme « nom du chien-assis — stop — pas bouger — au pied » c'est l'erreur la plus courante du débutant.

La répétition en club est en général une marche en cercle. Les maîtres sont les uns derrière les autres et le moniteur demande un « Nom du chien-assis ». Vous répercutez l'ordre. Soyez patients mais par contre soyez exigeants, « Nom du chien-assis » doit être net avec une bonne position du corps. Soyez calmes, tranquilles, patients, et respectueux mais exigeant.

Pour le coucher mettez une gourmandise devant la truffe puis vous reculez un peu. En même temps vous donnerez l'ordre. Dès le coucher obtenu vous donnez la friandise et vous félicitez.

Pour le debout mettez une gourmandise à hauteur de votre bras. Donnez l'ordre « debout » puis donnez la friandise et félicitez.

Pour le stop vous donnez l'ordre et vous vous arrêtez, le chien va vous imiter. Donnez la friandise et félicitez.

Si une position est mal comprise, vous revenez à une position assimilée avant, puis vous ressayez.

Au fur et à mesure vous ne donnerez la friandise que si c'est parfait.

Vous ne passez à la phase répétition que lorsque les positions sont acquises. Il y a quatre positions de fixation : Assis, Coucher, Debout, Stop. Souvent les clubs oublient « Nom du chien debout ».

Maintenant nous allons enchaîner les positions.

Vous marchez avec le chien à vos côtés, vous démarrez pied gauche en avant, et tous les cinq à dix pas vous donnez un ordre différent. Allez-y progressivement. Vous ne récompensez que le mouvement parfait. Le chien doit être dans la direction de la marche au moment de la fixation.

Vous allez tous les jours travailler ses positions deux fois 15 minutes (par exemple matin et soir), puis vous allez deux fois au minimum par semaine travailler en club.

Après deux à trois semaines d'association sur les positions de fixation vous enchaînerez en rajoutant les demi et quart de tour (généralement oubliés en club).

Vous marchez avec le chien à vos côtés, vous démarrez pied gauche en avant, et tous les cinq pas vous donnez un ordre différent, et vous rajoutez les ordres « à droite » « à gauche » « demi-tour droite » « demi-tour gauche ». Allez-y progressivement. Vous ne récompensez que le mouvement parfait. Le chien vous suivra dans la direction que vous prendrez tout à fait naturellement, l'ancrage se fait avec l'ordre qu'il finira par associer inconsciemment au côté droit et gauche et au demi-tour. Nous aurons besoin de cet ancrage pour les phases d'éducation futures.

Maintenant et seulement maintenant nous allons faire apprendre au chien un ordre complexe « Nom du chien - pas bouger ».

Vous marchez avec le chien à vos côtés, vous démarrez pied gauche en avant, et vous faites cinq pas, puis vous donnez un ordre « assis », puis un autre ordre « pas bouger ». Commencez à faire un pas. Redonnez l'ordre « pas bougez ». Revenez et donnez une friandise et félicitez.

Au début mettez-vous face au chien et reculez de deux pas. Donnez l'ordre « pas bouger ». Vous augmenterez le nombre de pas progressivement. Ensuite vous demandez le même ordre mais le chien est à côté de vous. Félicitez. Félicitez. Répétez. Répétez. Félicitez. Félicitez.

Vous allez tous les jours travailler ses positions deux fois 10 minutes (par exemple matin et soir), puis vous allez deux fois au minimum par semaine travaillez en club.

Ensuite vous continuerez par « Nom du chien - debout - pas bouger » en respectant la même procédure. Ne mettez pas la charrue avant les bœufs. Si le chien ne maîtrise pas assis, n'enchaînez pas.

À partir de là, vous répétez pendant quinze jours. Il faut travailler tous les jours deux fois 10 minutes et allez deux fois en club par semaine (si possible sinon une fois au moins, ce sera seulement plus long pour l'assimilation en réflexes par le chien) (les jours de club il n'y a pas de leçon à la maison). Le club va permettre de confronter le chien aux sollicitations des congénères, aux bruits, aux gens…

Maintenant nous travaillerons l'ordre « Nom du chien - debout - pas bouger » et vous continuerez à marcher. Le chien doit rester ou il est. Faites deux pas. Puis dites « Nom du chien - Au pied ». Soyez patients. Ne faites pas plus de deux pas, ensuite vous augmenterez la distance (c'est le secret). Vous allez vous éloigniez mais le chien voudra vous suivre, donc commencez très près, puis doucement vous augmentez la distance. C'est l'école de la patience et cela payera, croyez-moi.

Maintenant pendant deux mois, vous allez suivre la procédure suivante.

Vous marchez avec le chien à vos côtés, vous démarrez pied gauche en avant, et vous faites cinq à dix pas vous donnez un ordre assis, puis pas bouger. Commencez à faire trois pas. Redonnez l'ordre pas bougez. Appelez le chien. Donnez une friandise et félicitez. Vous marchez, vous enchaînez un ordre différent tous les cinq ou dix pas. Svp n'oubliez pas le Stop. Travaillez 10 minutes, faites une pause de 10 minutes. Si possible laissez jouer le chien. Il faudra une laisse longue ou une longe pour le « rappel ».

C'est essentiel de suivre cette progression. Soyez patients, le chien fera des erreurs, ou fera sa caboche, vous continuerez. Ne félicitez jamais un mauvais comportement.

Enfin et seulement maintenant nous allons travailler le rappel. Pourquoi ? Tout simplement car maintenant vous avez créé la relation avec votre chien, il est habitué à travailler avec vous, vous êtes à présent formatés ensemble. Trop de clubs font le rappel trop tôt ! et surtout avant une marche au pied sans laisse qui est le fondement du lien entre le MAÎTRE et le chien : sans lien physique.

Certains clubs n'apprennent que la conduite à gauche, c'est une erreur et le chien sera gêné pour des sports comme l'Agility.

Le rappel est un comportement essentiel. Le comportement se déclenche sur l'ordre « Nom du chien - au pied ». Ne commencez jamais le travail de rappel en milieu non clos. Le risque que le chien aille courir ou il veut est réel.

En club le chien est équipé d'une longe tenue par un éducateur. Vous vous éloigniez de la longueur de la longe et vous donnez l'ordre « Nom du chien — au pied ». Le retour pourra se faire soit à l'anglaise « le chien tourne derrière vous et se positionne » ou il vient directement et se retourne. Il faut travailler les quatre positions de retour au rappel « Anglaise à gauche » « Anglaise à droite » « à droite » « à gauche ». Quand le chien est à mi-course, vous indiquez, avec votre bras à votre chien, comment se positionner. Pour passer par-derrière à l'anglaise vous devez faire une torsion du corps, la main du côté choisi tendu.

Vous allez apprendre maintenant au chien à se positionner devant vous, presque entre vos jambes. Au milieu de la course pour revenir lors du rappel vous tendez la main au milieu du corps vers le bas. Félicitez. Cette position d'attente est très importante pour le travail en utilisation.

Le travail du rappel sera répété à chaque séance d'éducation.

Vous allez apprendre au chien à rester en zone de surveillance avec le comportement associé à l'ordre « 10 mètres ». Dès que le chien dépasse la zone approximative de 10 mètres vous le rappelez avec l'ordre « 10 mètres ».

Ne lâchez jamais un chien en liberté avant 18 mois et un rappel parfait que vous aurez testé en club et qui sera validé par un éducateur.

N'oubliez pas qu'avec une grande laisse le chien peut se balader. Il faut un niveau parfait pour évoluer sans laisse et notamment un « Stop » immédiat parfaitement maîtrisé. Soyez vigilants et ne prenez aucun risque.

Pour l'éducation de base vous avez maintenant tous les outils en mains. C'est en forgeant que l'on devient forgeron. Cent fois sur le métier remettez votre ouvrage.

L'HYGIÈNE DU CHIEN

Le Shih Tzu est un chien robuste dont l'espérance de vie est de 15 ans en moyenne. Cependant, certains peuvent rencontrer des problèmes respiratoires et ont tendance à ronfler. Il est indispensable de lui nettoyer les yeux quotidiennement car il est sujet aux problèmes oculaires. Il est également très sensible à la chaleur.

Il est conseillé de ne donner qu'un seul repas au Shih Tzu, un léger repas le matin et un plus copieux en début de soirée, et de ne rien donner entre les repas. Par ailleurs, il est préférable de distribuer la ration du chien aux mêmes heures et au même endroit, en le faisant manger seul dans un lieu isolé et calme de la maison.

N'oublions pas, enfin, que l'abreuvement reste un élément primordial de l'alimentation et qu'il est le premier nutriment indispensable. Les besoins en eau sont de 60 ml/kg/jour ; au-delà d'une consommation de 100 ml/kg/jour, il est conseillé de consulter votre vétérinaire afin de vérifier si le chien ne souffre pas de diabète ou d'une insuffisance rénale.

Les interdits : évitez le sucre et donnez une friandise pour chien. Évitez impérativement le chocolat, qui est toxique et le lait qui est souvent mal digéré et éviter les os de poulet, de lapin ou les aliments pour chats.

LA VIEILLESSE DU CHIEN

Avoir un chien c'est être attentif aux signaux qu'il vous envoie. Graduellement moins beau, moins actif, moins présent, l'animal âgé est plus fragile qu'un jeune adulte et doit donc faire l'objet d'observations et d'attentions toutes particulières.

Il faut le regarder vivre et se déplacer. Il faut noter tout changement pour reconnaître ses déficiences progressives, et déceler l'apparition d'une maladie liée au vieillissement.

L'allongement du temps de repos et de sommeil, est normal, et ne devra donc pas être une inquiétude.

Mais lentement l'animal peut venir à souffrir dans sa locomotion, s'essouffler, mal entendre ou mal voir.

Le cerveau est concerné par le vieillissement. Son inévitable dégénérescence entraîne et accompagne progressivement des troubles de l'humeur et du comportement.

Les signes du 3e âge se voient donc sur le plan physique, psychologique et comportemental.

Un nouveau compagnon lui serait-il profitable ? Il vaut mieux s'abstenir vous risquez de le bousculer s'il a dépassé dix ans.

Mais, et c'est mon expérience, si l'on introduit un jeune animal dans le groupe familial en début de phase senior quand le chien est encore bien actif, alors c'est bénéfique pour les deux.

Le jeunot va faire maints apprentissages par imitation avec son « vieux copain » mais les mauvaises habitudes et les bonnes habitudes seront transmises.

Mes chiens seniors ont toujours retrouvé une seconde jeunesse avec de jeunes chiens, mais j'ai veillé au grain.

Votre chien ne passe plus son temps qu'à dormir et semble devenir comme plus « mécanique », à n'être plus intéressé que par sa gamelle et l'heure des sorties, alors il faudra devenir encore plus indulgent pour l'accompagner jusqu'à sa fin. Maintenir son vieil animal en vie dans le confort jusqu'à sa mort, c'est formidable. C'est être un maître responsable.

Mes vieux chiens se sont tous mis à déambuler et à donner l'impression de se « perdre » dans leur environnement habituel, mais j'ai toujours laissé faire, et aider mes chiens à mieux vivre leur 3e âge. Des visites régulières chez le vétérinaire, s'imposent à « l'âge mûr » sachant qu'aucun traitement ne pourra jamais rajeunir un vieil animal, mais souvent vous pourrez lui assurer une qualité de vie plus optimale.

Il faudra offrir au vieux chien une place de repos plus moelleuse et plus au calme, car tout en gardant le contact avec la vie de famille, l'animal a besoin de plus longues périodes de sommeil. Sans le reléguer, il faut le protéger notamment de l'agitation.

La perte d'appétit ou au contraire la boulimie, l'incontinence nocturne, des constipations en alternance avec des diarrhées, sont autant de points de repère de l'affaiblissement des fonctions vitales de l'organisme de l'animal. À ce stade, il fait échanger avec votre vétérinaire.

LA SEXUALITÉ DU CHIEN

La maturité sexuelle du chien se produit autour du septième mois chez le mâle, et entre sept et dix mois chez la femelle. La puberté des chiens mâles se situe entre dix et douze mois selon les races ; parfois il faut attendre dix-huit mois, plus la croissance sera longue et plus la puberté viendra tard. Au-delà de 18 mois, il faudra échanger avec votre vétérinaire.

Par contre, le chien peut manifester des désirs sexuels dès l'âge de sept semaines, sous forme de jeux où l'accouplement est simulé.

La femelle connaît des périodes de chaleurs ou œstraux, en général, tous les six mois. Il arrive que cet intervalle varie entre 4 et 8 mois. Ces périodes se produisent au printemps et à l'automne ; elles correspondent à l'ovulation et dure de 15 à 20 jours.

La fécondation peut se produire entre le septième et le quatorzième jour. L'urine contient alors des phérormones qui attirent les mâles. La chienne a des segments généralement appelés menstruations, bien que le terme exact soit diapédèse. Il s'agit de globules rouges qui traversent la paroi.

Si un mâle montre de l'intérêt, la chienne fera savoir son contentement en plaçant sa queue de côté, pour présenter son vagin.

Lors de copulation, un bulbe sur le pénis du chien se gorgera de sang. Le chien ne pourra pas se séparer de la femelle tant qu'il ne se désengorgera pas, cela peut prendre de 15 à 20 minutes. Il est très important de ne pas tenter de séparation cela risquerait de déchirer le vagin de la femelle.

Si vous voulez faire s'accoupler deux chiens, il est préférable d'emmener la femelle chez le mâle car ce dernier peut refuser de copuler en territoire inconnu ou s'il a peur.

Il est à noter que le mâle est le seul à posséder un os dans le pénis, appeler os pénien. Il arrive qu'il y ait des cas d'homosexualité chez le mâle. Ce comportement est dû à une frustration sexuelle. Cette frustration peut provoquer de l'agressivité et des fugues.

La frustration sexuelle chez la femelle, est un peu plus rare, mais elle peut devenir surexcitée et fuguée dans ce cas.

De nombreuses personnes ont aujourd'hui encore du mal à prendre la décision de la contraception de leur chienne. Pourtant, si vous ne désirez pas faire un élevage, c'est la meilleure solution.

Il ne faut pas considérer la contraception comme une action qui rendra votre animal malheureux. Il faut savoir que le comportement d'une chienne dépend surtout de son instinct et de ses hormones. Les chaleurs apparaissent environ deux fois par an, et durent en général 3 semaines. Hormis ces deux périodes de l'année, sachez que votre chienne n'a nulle envie de se reproduire et, contrairement aux idées reçues, elle n'a pas besoin d'avoir été au moins une fois en relation avec un mâle pour être équilibrée.

Il faut savoir que la contraception peut-être définitive ou sélective.

Dans la nature la louve est-elle stérilisée ? Pour moi le problème est surtout de ne pas faire l'apprenti éleveur.

La stérilisation chirurgicale a pour but l'ablation des ovaires, avec ou sans l'utérus. Cette opération est très commune et pratiquée par tous les vétérinaires.

Vous pouvez également opter pour la ligature des trompes. Mais sachez que cette intervention ne supprime pas les chaleurs. Votre chienne ne pourra simplement pas avoir de petits.

La stérilisation augmente les risques de prise de poids. Il est très important de surveiller l'alimentation de la chienne pendant les 3 mois qui suivent l'opération et de lui faire faire de l'exercice. Sachez enfin qu'une chienne stérilisée n'a pas systématiquement tendance à vivre plus longtemps qu'une chienne entière, elle aura moins de risques potentiels de santé.

S'il n'est jamais en présence d'une femelle en chaleur, un chien n'éprouvera pas le besoin de se reproduire. Ainsi, la castration, contrairement aux idées reçues, ne vient pas perturber l'équilibre général d'un chien.

La situation est au contraire plus compliquée si le chien est stimulé par la présence de femelles en chaleur, mais qu'il n'y a pas de contact physique. Le chien sera alors surexcité et il faudra avoir recours à un traitement hormonal pour le calmer.

La castration se fait vers l'âge de 10 ou 12 mois, avant la puberté. Les risques de problèmes de santé rencontrés chez les chiens non castrés seraient essentiellement concentrés autour des testicules et de la prostate.

Un chien non castré devient fugueur en période de chaleurs et souvent surexcité. En présence d'une femelle en chaleur, il n'écoutera que son instinct sexuel et ignorera vos rappels à l'ordre. Il faut donc en être averti, et au moins utiliser la castration médicamenteuse en étant prévenant dans les deux périodes à risque.

Il existe, la vasectomie qui est une ligature des canaux spermatique. Le chien reste capable de saillir si vous faites ôter la ligature.

À titre personnel, je suis surpris du discours des vétérinaires qui prônent la satisfaction des besoins primaires du chien mais veulent la contraception irréversible. Avouons que l'acte chirurgical rapporte entre 200 et 300 euros, donc c'est rentable.

À titre personnel je fais pratiquer la contraception réversible et je fais une veille attentive lors des moments du Printemps et de l'Automne.

La stérilisation temporaire est réversible car elle fait appel à des hormones de synthèse empêchant la survenue de l'ovulation mais aussi des chaleurs. Les molécules utilisées sont en général des dérivés de synthèse de la progestérone (progestagènes ou progestatifs). Il faut les utiliser en anoestrus, pour retarder l'apparition de l'oestrus ou en début de pro oestrus, pour interrompre les chaleurs. Les progestagènes exercent une action hormonale qui va aboutir au blocage de la maturation des follicules et de l'ovulation. L'emploi de progestatifs étant accompagné d'un certain nombre de complications, il conviendra, avant de les utiliser pour la contraception, d'avoir une bonne connaissance du cycle oestral de la chienne, et de faire réaliser examen médical préliminaire par un vétérinaire pour détecter une pathologie qui constituerait une contre-indication à l'utilisation de ces molécules.

Pour mes mâles je recours à la castration chimique avec implant de Desloreline sous le nom de Suprelorin. Ce dernier libère des hormones en continue qui castrent chimiquement le chien pendant environ 12 mois. La stérilité est effective dans les 4 à 6 semaines après l'implantation. et les effets seront complètement réversibles. L'implant s'injecte sous la peau sans anesthésie générale et ne gêne en aucun cas l'animal. Plusieurs implants peuvent être injectés à la suite.

J'invite le lecteur à comprendre que je partage mon expérience. Il faut lire, s'instruire, échanger sur ce sujet, car une contraception définitive est un choix important.

Je trouve dommage si des chiens sont magnifiques, en conformité au standard, et équilibrés psychiquement, de ne pas participer au maintien de la race. Mais si vous ne souhaitez pas vous pliez aux contraintes médicales imposées aux reproducteurs, alors choisissez la contraception définitive.

Mais de grâce que les théoriciens arrêtent de dire des contre-vérités. Les fugues, les bagarres entre mâles, les comportements de domination, le marquage, se gèrent très bien par l'éducation et par une attention soutenue en période de chasse des femelles.

Disons la vérité il y a d'autres raisons que celles évoquées, comme les trafics, la concurrence entre particuliers et professionnels, l'intérêt économique des vétérinaires, le lobbying des éleveurs, et l'augmentation de la bâtardise.

L'élevage est un métier, il est réglementé et protégé. La majorité des éleveurs sont d'excellents professionnels. Des éleveurs placent des chiens dans des familles sélectionnées, pour un usage de reproduction en contrepartie de la gratuité du chien. La consanguinité doit être maîtrisée, et le brassage entre lignées est absolument nécessaire pour éviter les tares génétiques. Des particuliers avertis avec des chiens sélectionnés qui travaillent avec des éleveurs, c'est une bonne chose. La reproduction sauvage est un vrai fléau.

QUESTION ET RÉPONSES

Lorsque mon chien a fugué, dois-je le gronder ?

En le réprimandant lorsqu'il revient, vous lui apprenez que revenir vers vous n'est pas une bonne chose. Dans ce contexte il développera une crainte de se faire disputer et la prochaine fois, il ne reviendra pas. Félicitez le chien lorsqu'il revient, et reprenez des leçons de rappel, d'abord à la longe, puis en milieu clos.

Mon chien détruit, dois-je le punir ?

Si vous le punissez, votre chien comprendra que vous ne voulez pas voir sa bêtise et non que vous ne vouliez pas qu'il fasse la bêtise ! Par exemple, si votre chien mange le canapé en votre absence et que vous le réprimandez après coup, il comprend que vous ne voulez pas des lambeaux dans la maison et il risque d'éliminer ces traces en mangeant ou en cachant les morceaux. Alors recommencer l'immersion progressive, vous sortez cinq minutes et vous revenez, s'il n'y a pas de bêtise vous félicitez ?

Mon chien a peur de tout, que dois-je faire ?

Quand votre chien fait quelque chose de bien, il est naturel de féliciter avec une petite caresse, en revanche quand il n'a pas un comportement que vous souhaitez, la caresse est à proscrire. Lorsque votre chien a peur, ignorez la situation. Passez à autre chose. Reprenez le travail d'exposition progressive, en sortant le chien d'abord dans des situations de conforts ensuite exposez-le à des situations plus stressantes comme le centre-ville un jour de marché et n'oubliez pas il faut ignorer la peur.

Puis-je laisser mon enfant seul avec mon chien sans problème ?

Ne laissez jamais, ô grand jamais, votre chien seul avec votre enfant ! Cette règle de sécurité devrait être connue de tous les parents car même le chien le plus gentil du monde peut être agressif ou blesser un enfant. Le chien descend du loup ! même un Sih-Tzu ou un Caniche nain.

Mon chien renifle le derrière des autres chiens ?

Pour les chiens, c'est une façon de dire : « Bonjour ». C'est un moyen pour les chiens d'apprendre à se connaître.

Mon chien tourne en rond ?

Il s'agit en fait d'un instinct et il se prépare un endroit à lui qui soit sûr.

Mon chien mâchouille les doudous ?

Les chiots aiment mâchouiller leurs jouets ou tout autre objet qu'ils trouvent sur leur passage pour soulager la douleur qu'entraîne l'apparition d'une nouvelle rangée de dents. Pour les chiens adultes, le fait de mâchouiller votre canapé, vos coussins ou vos chaussures est un signe d'angoisse ou d'ennui. Il faut donner plus d'activité au chien. Si c'est un chien récupéré, il a sûrement subi un traumatisme, alors il faut attendre, voir accepter la situation.

Mon chien halète beaucoup ?

Haleter est un comportement normal car les chiens régulent la température de leur corps en haletant.

Mon chien se masturbe ?

Tous les chiens pratiquent la masturbation, les mâles comme les femelles et même les chiens qui ont subi une opération de stérilisation.

Mon chien creuse des trous ?

Personne ne peut empêcher les chiens de creuser. En réalité, c'est quelque chose de profondément ancré dans leur ADN. Ils creusent de manière naturelle pour cacher de la nourriture ou en débusquer.

Merci

Ce roman a été corrigé avec le logiciel professionnel « ProLexis » de la société Diagonale et a été plusieurs fois relu. Toutefois malgré tout le soin et l'attention apportés par l'auteur il peut subsister des coquilles. L'auteur s'en excuse.

Ce livre est une conception originale et artisanale. Le travail d'artisan consiste à écrire, corriger, relire, mettre en page, concevoir la couverture et la quatrième de couverture, mettre en ligne le manuscrit à l'aide des outils fournit par le diffuseur.

Le code de la propriété intellectuelle n'autorisant, aux termes de l'article L. 122 — 5, 2 ° et 3 ° a, d'une part, que les « copies ou reproductions strictement réservées à l'usage privé du copiste et non destinées à son utilisation collective » et, d'autre part, que les analyses et les courtes citations dans un but d'exemple et d'illustration, « toute représentation ou reproduction intégrale ou partielle faite sans le consentement de l'auteur ou des ayants droit ou ayant cause est illicite » (art. L. 122-4). Cette représentation ou reproduction, par quelque procédé que ce soit, constituerait donc une contrefaçon sanctionnée par les articles L. 335-2 et suivant du Code de la propriété intellectuelle.

Le droit d'auteur français est le droit des créateurs. Le principe de la protection du droit d'auteur est posé par l'article L. 111-1 du code de la propriété intellectuelle (CPI) qui dispose que « l'auteur d'une œuvre de l'esprit jouit sur cette œuvre, du seul fait de sa création, d'un droit de propriété incorporelle exclusif et opposable à tous. Ce droit comporte des attributs d'ordre intellectuel et moral ainsi que des attributs d'ordre patrimonial ».

Fin